L'IMPRESARIO

Opérette bouffe

PAR

MM. LÉON BATTU ET LUDOVIC HALÉVY

MUSIQUE DE

MOZART

REPRÉSENTÉE POUR LA PREMIÈRE FOIS SUR LE THÉATRE DES BOUFFES-PARISIENS, LE 20 MAI 1856.

PRIX : 60 cent.

PARTITION DE PIANO ET CHANT : 6 FR. NET.

PARIS

G. BRANDUS, DUFOUR ET Cᵉ, ÉDITEURS
103, rue de Richelieu.

MICHEL LÉVY FRÈRES, ÉDITEURS
2 bis, rue Vivienne.

1856

L'IMPRESARIO

Opérette bouffe

PAR

MM. LÉON BATTU ET LUDOVIC HALÉVY

MUSIQUE DE

MOZART

REPRÉSENTÉE POUR LA PREMIÈRE FOIS SUR LE THÉÂTRE DES BOUFFES-PARISIENS, LE 20 MAI 1856.

PRIX : 50 cent.

PARTITION DE PIANO ET CHANT : 6 FR. NET.

PARIS

G. BRANDUS, DUFOUR ET C*, ÉDITEURS | MICHEL LÉVY FRÈRES, ÉDITEURS
103, rue de Richelieu. | **2 bis, rue Vivienne.**

1856

DISTRIBUTION

ROSIGNUOLO, impresario. . . . . MM. Caillat.

LELIO, ténor . . . . Anthiôme.

SILVIA, fille de Rosignuolo. . . . . Miles Dalmont.

ZERLINE, soprano. . . . . Courtois.

La Scène se passe chez Rosignuolo.

La position des personnages est prise de gauche à droite.

L'IMPRESARIO

OPÉRETTE BOUFFE

Le théâtre représente un appartement simple chez Rosignuolo. — Porte au fond. — Portes latérales.

SCÈNE PREMIÈRE.

ROSIGNUOLO, ZERLINE.

ROSIGNUOLO.

Tâche que ton macaroni ne soit pas trop salé ce matin comme il l'était hier.

ZERLINE.

Eh bien ! faites votre déjeûner vous-même..., il sera peut-être à votre goût.

ROSIGNUOLO.

Insolente ! si je ne me rete.. 'is je te frotterais les oreilles !...

ZERLINE, *d'un ton super.. .*

A qui croyez-vous donc parler ?

ROSIGNUOLO, *riant.*

Tiens ! à qui je crois parler... mais, parbleu ! à ma cuisinière.

ZERLINE, *à part*

J'ai failli me trahir !

ROSIGNUOLO.

C'est égal, tu as eu un beau geste... un geste majestueux et digne !... Allons, je ne t'en veux pas... Une autre fois, sale moins le macaroni, et ne fais pas trop rissoler le gigot.

ZERLINE.

Oui, notre maître.

ROSIGNUOLO, *à part.*

Elle est jolie, cette fille... Ses mains sont blanches et potelées.... son pied est fin... Elle fait bien mal la cuisine, mais c'est une charmante cuisinière ! *(Haut)* Allons, viens que je t'embrasse pour te pardonner.

ZERLINE.

Plus souvent ! un vieux comme vous !...

ROSIGNUOLO.

Un vieux ! un vieux ! L'âge ne fait rien à l'affaire.

1er Couplet.

Mon front grisonne, mais mon âme
A su conserver cette flamme,
Cette ardeur que l'amour réclame ;
Le cœur n'a pas de cheveux blancs,
Et j'ai toujours même jeunesse,
Même verdeur, même tendresse,
Et, pour aimer, j'ai vingt ans !
Souvent le feu qui semble mort,
Sous la cendre se cache et dort,
Prêt à se ranimer encor.

(Il la lutine.)

ZERLINE.

Mais voulez-vous bien me laisser tranquille !

ROSIGNUOLO.

2e Couplet.

La jeune fille qui méprise
Un amoureux à tête grise,
Selon moi fait une sottise.
Les jouvenceaux de notre temps
Ne savent aimer qu'en paroles.
Ils sont vains, légers et frivoles.
Nous sommes toujours constants.
Souvent le feu qui semble mort,
Sous la cendre se cache et dort,
Prêt à se ranimer encor.

ZERLINE.

Mais voulez-vous bien finir !

ROSIGNUOLO.

Elle a raison. Un peu plus.... et j'oubliais toute ma dignité, je me commettais avec ma servante. Ah ! fi !

(Il sort.)

SCÈNE II.

ZERLINE, *seule.*

Amour ! amour ! où m'as-tu conduite ?... C'est à moi que l'on parle de la sorte !... Ah ! le perfide ! l'ingrat !... s'il me voyait ainsi, que penserait-il? Mais on vient...C'est Silvia, la fille de ce vieil imbécile....

SCÈNE III.

ZERLINE, SILVIA *entre pensive.*

ZERLINE, *la regardant.*

Je ne vois pas ce qu'on peut lui trouver de joli à cette petite... *(Haut.)* Eh bien! Mam'selle, qu'est-ce qui vous donne donc l'air si triste?

SILVIA.

Ah! Zerline, on l'aurait à moins... Mon père est si méchant!...

ZERLINE.

Méchant, lui!

SILVIA.

Juges-en. Tu sais que mon père m'a envoyée passer les vacances à Naples, chez ma tante?

ZERLINE.

Je sais, je sais, Mam'selle...

SILVIA.

J'ai fait chez elle la connaissance d'un jeune homme charmant, bon, aimable;... il m'a dit qu'il m'aimait,... qu'il n'avait qu'un espoir, celui de devenir mon mari... A ma place, Zerline, tu aurais fait comme moi, tu l'aurais cru, et tu aurais partagé son amour.

ZERLINE, *à part.*

Elle ne croit pas si bien dire!

SILVIA.

Eh bien! depuis mon retour, il a écrit deux fois à mon père pour lui demander ma main, et mon père ne veut pas entendre parler de lui.

ZERLINE.

C'est cruel... et ce jeune homme s'appelle?

SILVIA.

Lelio. C'était le premier ténor du théâtre San Carlo.

ZERLINE, *à part.*

On ne m'avait pas trompée! *(Haut.)* Et quelles raisons votre père donne-t-il pour le refuser?

SILVIA.

Il prétend qu'on lui a dit que Lelio chante faux, qu'il ne peut plus trouver d'engagements...

ZERLINE.

Que ne lui en donne-t-il un, lui qui est directeur?

SILVIA.

Ah! Zerline, si tu savais comme Lelio m'aime!

ZERLINE, *à part.*

Je la déteste, cette petite!

ROSIGNUOLO, *dans la coulisse.*

Zerline!

ZERLINE, *haut.*

Comme il vous aime!...Vous le croyez parce qu'il vous l'a dit! Mais vous ne savez donc pas que tous les hommes sont menteurs, perfides, trompeurs et scélérats!... Lelio tout le premier!

SILVIA.

Qui te l'a dit?

ROSIGNUOLO.

Zerline!

ZERLINE.

Je le suppose, Mamzelle;... je suppose qu'il ne vaut pas mieux que les autres...

ROSIGNUOLO.

Zerline!... et le déjeûner!

ZERLINE *à part.*

Arrive, Lelio, arrive!... je te recevrai bien!

(Zerline sort.)

SCÈNE IV.

SILVIA, *seule.*

Aurait-elle dit vrai? Lelio m'aurait-il oubliée déjà? Oh! non!... *(Elle tire un papier de sa poche.)* Voilà son portrait qu'il m'a donné en me jurant qu'il m'aimerait toujours. Quand je le regarde, je ne puis douter de ses paroles, car on lit dans ses traits la franchise et la fidélité.

Air :

Sa figure,
Sa tournure,
Son maintien noble et galant,
Tout m'attire,
Tout conspire
A me le montrer charmant.

Son regard jette une flamme
Qui vient embraser mon cœur.
Quand il parle, de mon âme
Redouble la folle ardeur !...
Sa figure,
Sa tournure,
Son maintien noble et galant,
Etc.

Puisse le ciel que je supplie
Nous accorder même sort.
Pour lui je donnerais ma vie,
Sans lui j'appelle la mort.

(Elle baise le portrait. Entre Rosignuolo.)

Ciel !... mon père !...

SCÈNE V.

SILVIA, ROSIGNUOLO.

ROSIGNUOLO, *voyant Silvia.*

Qu'est-ce que tu caches là avec un si grand soin ?...

SILVIA.

Moi... rien du tout, mon père.

ROSIGNUOLO.

Je n'ai pas la berlue, peut-être ;... je t'ai très-bien vue, à mon entrée, dissimuler un petit objet...

SILVIA.

Mon père...

ROSIGNUOLO.

Je veux le voir... *(Il tend la main.)*

SILVIA.

Mais...

ROSIGNUOLO.

Eh bien ! quand tu voudras...

SILVIA.

Mon père, c'est que...

ROSIGNUOLO.

Eh bien ! c'est que quoi ?...

SILVIA.

C'est que... c'est un portrait...

ROSIGNUOLO, *prenant le portrait.*

Les traits d'un homme !... qu'apprends-je là ! Un inconnu dans ta poche ! Ah ! combien je maudis ma faiblesse, qui t'a permis de faire un voyage dans la capitale. J'ai cédé aux instances de ta tante, et voilà les résultats de cette condescendance !... Tu reviens avec des portraits d'homme !...

SILVIA.

Avec un seul portrait, mon père...

ROSIGNUOLO.

C'est bien pis ! Répondez... quel est ce portrait ?...

SILVIA.

Que lui dire ?...

ROSIGNUOLO.

Je parie que c'est celui de ce signor Lelio.

SILVIA, *à part.*

Oh ! quelle idée !

ROSIGNUOLO.

Eh bien ! ai-je deviné ? Répondez, je l'exige...

SILVIA.

Mon père, votre colère n'est pas juste...

ROSIGNUOLO.

Voyons, répondrez-vous ?

SILVIA.

C'est...

ROSIGNUOLO.

Qui ?

SILVIA, *à part.*

Du courage ! *(Haut.)* Quoi ! vous ne le reconnaissez pas à la majesté de son front, à la distinction de toute sa personne ?

ROSIGNUOLO.

Et comment diable veux-tu que je le reconnaisse, puisque je ne l'ai jamais vu. Eh bien !... c'est...

SILVIA.

C'est notre nouveau roi.

ROSIGNUOLO.

Notre roi ?

SILVIA.

Notre roi.

ROSIGNUOLO.

C'est différent. Quoi ! c'est là notre roi, à qui j'ai écrit pour demander le privilége du théâtre San Carlo ? J'avais toujours désiré le voir, cet excellent monarque, ne fût-ce qu'en peinture. Silvia, je garde ce portrait.

SILVIA.

Mais, mon père...

ROSIGNUOLO.

Quoi ?

SILVIA.

C'est un cadeau de ma tante.

ROSIGNUOLO.

Je vais le faire monter en épingle, pour mettre à mon jabot.

SILVIA, *à part.*

Pauvre Lelio ! *(Haut.)* Mon père !...

ZERLINE, *paraissant à gauche.*

Le déjeuner est servi, notre maître.

ROSIGNUOLO.

Ah ! tant mieux... je mourais de faim. Allons, voyons, vas-tu pleurer pour un portrait du roi ? Viens déjeuner.

(Ils sortent.)

SCÈNE VI.

LELIO, *entrant par le fond.*

Comment ! personne ! On entre dans cette maison comme sur une place publique. Ah ! me voilà donc chez le père de celle que j'aime, chez ce vieil impresario qui ne veut entendre parler de moi ni comme gendre, ni comme ténor. Il est probable que dès que je me serai nommé il me fera jeter à la porte. Heureusement je lui apporte une chose qui pourra modifier ses déterminations... Le privilége de San Carlo. Il s'agit d'user adroitement de mes armes et de tirer parti de ma situation pour me procurer d'abord la main de Silvia, et ensuite un bon engagement. Ah ! chère Silvia !...

Air :

Mon cœur bat, ma voix tremble,
Quand le sort nous rassemble,
Mon cœur bat, ma voix tremble,
 Et je ressens
 Mille tourments.
Car en ce jour, de son père
Je crains les emportements.
 Mais j'espère
 Bientôt fléchir sa colère
Par l'ardeur de mes serments.

Mon cœur bat, ma voix tremble,
Quand le sort nous rassemble.

Que Dieu protége nos amours !
Qu'il donne à notre jeunesse
Gaîté, bonheur et tendresse
Sous le soleil des beaux jours.
Mon cœur bat, ma voix tremble
Quand le sort nous rassemble ;
Et cependant quel espoir !
Silvia, je vais te revoir !...

(Il s'installe dans un fauteuil.)

Allons... j'attendrai là qu'on s'aperçoive de ma présence.

SCÈNE VII.

LELIO, ROSIGNUOLO.

ROSIGNUOLO, *à part.*

Eh bien ! quel est cet étranger qui ne se gêne pas ? Il se carre dans mes fauteuils et se met à son aise comme chez lui... Je vais un peu lui dire son fait... *(Haut.)* Monsieur !

LELIO.

Monsieur ?

ROSIGNUOLO.

Ciel ! qu'ai-je vu ? Ces traits ! *(Tirant le portrait de sa poche.)* Ce sont bien les mêmes !...

LELIO.

Est-ce au seigneur Rosignuolo que j'ai l'honneur...

ROSIGNUOLO.

Tout l'honneur est pour moi !... *(A part.)* Le roi !..., le roi chez moi ! Il voyage sans doute incognito. Mais que diable vient-il faire sous ce déguisement dans ma modeste maison ?

LELIO.

Monsieur Rosignuolo, vous avez adressé au roi une supplique pour lui demander le privilége de San Carlo.

ROSIGNUOLO.

En effet, Sir... Maj... Monsieur. *(A part.)* Il ne veut peut-être pas être reconnu..

LELIO.

Je vous l'apporte.

ROSIGNUOLO.

Quoi !... vous-même ?...

LELIO.

Sans doute, moi-même, et je vous le remettrai à plusieurs conditions.

ROSIGNUOLO.

Lesquelles ?

LELIO.

Vous désirez peut-être savoir qui je suis?

ROSIGNUOLO

Moi?... certainement... quoique... si vous aimez mieux ne pas me le dire...

LELIO, *à part.*

Tôt ou tard il faudra en venir là.... Allons, du courage... *(Haut)* Je suis...

ROSIGNUOLO.

Ah !... non... ne prenez pas cette peine...

LELIO.

Pourquoi ?

ROSIGNUOLO.

Quand on a vu vos traits une fois, on ne les oublie jamais !

LELIO.

Et vous m'avez déjà vu ?

ROSIGNUOLO.

En peinture... sur ce portrait...

LELIO, *à part.*

Mon portrait... que j'ai donné à Silvia... *(Haut)* Ainsi, vous savez qui je suis?...

ROSIGNUOLO.

Oui... mais je sais être discret... j'aurai l'air de l'ignorer... Vous n'en pouvez pas moins compter sur ma fidélité et mon obéissance...

LELIO, *à part.*

Il ne me jette pas dehors !... Cet homme est le jouet d'une méprise. Mais je serais un sot de n'en pas profiter. *(Haut)* Vous dites donc que je puis compter sur votre obéissance ?

ROSIGNUOLO.

Ordonnez, parlez, faites un signe, et vous serez obéi.

LELIO.

S'il n'y a qu'à ordonner, faites venir votre fille.

ROSIGNUOLO.

A l'instant ! *(Il appelle Silvia.)*

SCÈNE VIII.

LES MÊMES, SILVIA.

SILVIA, *entrant.*

Ciel !..

(Lelio lui fait signe de se taire.)

Trio.

SILVIA, *à part.*

Lelio, celui que j'aime !

ROSIGNUOLO, *à Silvia.*

C'est le roi, c'est le roi lui-même !

SILVIA.

C'est bien lui.

LELIO, *à Silvia.*

C'est moi !
Ma Silvia... c'est moi, c'est moi !

ROSIGNUOLO.

A cet auguste personnage,
Ma fille, rendez hommage.

LELIO, *à Silvia.*

Oui, c'est moi !

SILVIA, *à Rosignuolo.*

C'est le roi !

LELIO.

Oui, c'est bien moi, toujours à toi !

ROSIGNUOLO.

Oui, c'est le roi !
Ah ! pour Votre Seigneurie
Je voudrais donner ma vie !

LELIO ET SILVIA, *à part.*

Bon ! bon !

ROSIGNUOLO.

Chez moi !... le roi !
Oui, je jure à Votre Altesse
Une pieuse tendresse.

LELIO ET SILVIA.

Bon ! bon !

ROSIGNUOLO.

Chez moi !... le roi !
Que Votre Altesse dispose
En ces lieux de toute chose,
Car tout appartient au roi !

ENSEMBLE.

LELIO ET SILVIA.

O surprise,
Sa méprise
Nous sert et nous favorise.

ROSIGNUOLO.

O surprise !
O surprise !
Honneur qui me favorise !

SILVIA.

Je vous vois, vous que j'adore.

LELIO.

Je te vois, toi que j'adore.

ROSIGNUOLO, *à part.*

Si je saluais encore.

LELIO.

Je suis roi !

SILVIA.

Il est roi !

ROSIGNUOLO.

C'est le roi !

LELIO.

Quoi? je suis roi !

SILVIA.

Vous êtes roi !

ROSIGNUOLO.

Le roi chez moi !

ENSEMBLE.

ROSIGNUOLO.

Vraiment je crois tout comprendre. (*Bis.*)
Entre eux je viens de surprendre
Un regard brûlant et tendre !
O fortune ! ô bonheur !
O bonheur !

LELIO.

Vraiment je ne puis comprendre.
Tout ici vient me surprendre ;
Mais soyons fidèle et tendre
Je dois lui donner le bonheur !
Le bonheur !

SILVIA.

Ils ne peuvent rien comprendre
Et tout ici vient surprendre
Cet amant fidèle et tendre,
Qui me donnera le bonheur !
Le bonheur !

ROSIGNUOLO.

Ma fille a touché son cœur.

SILVIA.

Ah ! je sens battre mon cœur !

ENSEMBLE.

SILVIA, ROSIGNUOLO.

Ah ! jetons-nous humblement.

LELIO.

Ils se jettent humblement.

ENSEMBLE.

SILVIA, ROSIGNUOLO.

Ah ! jetons-nous en tremblant.

LELIO.

Ils se jettent en tremblant.

ENSEMBLE.

ROSIGNUOLO.

Jetons-nous à ses genoux.

SILVIA.

Devant lui prosternons-nous.

LELIO.

Ils tombent à mes genoux.

ENSEMBLE.

Prosternons-nous à ses genoux,
Prosternons-nous
Tous !...

ROSIGNUOLO.

Vos ordres seront exécutés. Que puis-je faire
encore pour vous être agréable ?

LELIO, *à part.*

Qu'est-ce qu'il pourrait bien faire pour m'être
agréable ? (*Haut.*) Allez-vous-en.

ROSIGNUOLO.

J'obéis avec ivresse. (*À part*) Ma fille seule avec
le roi !... quel honneur pour moi !... (*Il sort.*)

SCÈNE IX.

LELIO, SILVIA.

SILVIA.

Ah ! Lelio, je savais bien que vous ne pou-
viez m'avoir oubliée !...

LELIO.

Chère Silvia ! moi vous oublier, bien loin de
là... et je venais ici pour faire une nouvelle ten-
tative auprès de votre père... Je m'attendais à
être jeté dehors dès que je me serais nommé.
Au contraire, dès qu'il m'a aperçu, il s'est pros-
terné devant moi en me donnant les marques
du plus grand respect.

SILVIA.

Je vais tout vous expliquer...

1ᵉʳ couplet.

Ce matin j'ai vu mon père
    Entrer en colère.
Il aperçoit votre image,
Il s'en empare avec rage,
Et m'arrache mon portrait !
Furieux, il me disait :
Silvia, quel est ce portrait ?
Je répondis : O mon père,
Mais pourquoi ce ton sévère ?
Un instant écoutez-moi !
C'est... c'est le portrait du roi !
    C'est le roi !
    C'est le roi !

2ᵉ couplet.

Alors j'ai vu de mon père
    Tomber la colère.
Et moi, coupable et parjure,
J'ajoutais : Je vous le jure !
Et j'aimerais mieux mourir,
Vous le savez, que mentir.
Doutez-vous de ma parole ?
Votre soupçon me désole.
C'est bien le portrait du roi !
    Mon père !
    Mon cher père !
De grâce, rendez-le moi !
Et de crainte je tremblais,
Car pour celui que j'aimais
    Je mentais !

LELIO.

Ma chère petite Silvia, profitons de son erreur... accréditée encore par ce privilége que je lui apporte.

SILVIA.

Vous !.. comment se fait-il ?..

LELIO.

J'étais allé pour renouveler mon engagement à San Carlo. On m'a répondu : Nous ne pouvons vous le signer, cela regarde le nouveau directeur, M. Rosignuolo. Tâchez de lui plaire, et par la même occasion, portez-lui sa nomination qu'il ignore encore. Peut-être cela le disposera-t-il en votre faveur. J'arrivais donc ici, comptant user de diplomatie... Mais je n'en ai pas eu besoin, grâce à sa méprise... Maintenant, il ne nous faut qu'un peu d'adresse pour réussir. Mais voici votre père, écoutez ce que je compte faire. *(Il remonte avec Silvia en causant.)*

SCÈNE X.

SILVIA, LELIO, ROSIGNUOLO.

ROSIGNUOLO, *à part, un portrait à la main.*

Ce qui vient de m'arriver est bien particulier ! Je transportais dans l'appartement destiné à Sa Majesté la légère valise qu'elle a apportée avec elle, quand de ce colis mal fermé je sentis s'échapper quelque chose. Je me baisse, je ramasse... et que vois-je ? le portrait de ma cuisinière magnifiquement vêtue !... Ce sont bien ses traits !... Mais comment se trouve-t-il entre les mains du roi ? Comment le savoir ?... Je suis forcé de les déranger ; c'est bien désagréable, mais enfin... *(Il tousse)* Hum ! hum !

LELIO, *se retournant.*

Ah ! c'est vous, cher Monsieur Rosignuolo...

ROSIGNUOLO.

Effectivement...

LELIO.

Je n'avais pas appelé...

ROSIGNUOLO.

Pardon... Si... Maj... *(A part.)* Je ne sais comment l'appeler, moi... *(Haut.)* Voilà ce que c'est... en transportant vos bagages dans votre appartement... le hasard a voulu que j'en aie laissé échapper. . ce portrait...

LELIO, *prenant le portrait.*

Ce portrait ! *(A part)* Diable ! c'est celui de Zerline... *(Haut)* Eh bien ! qu'y a-t-il d'étonnant à ce portrait ?

ROSIGNUOLO.

C'est celui d'une femme.

SILVIA.

D'une femme... voyons...

ROSIGNUOLO.

Sortez, ma fille, sortez ! ceci n'est point de votre compétence... sortez... *(A Lelio)* si toutefois Votre Maj... Votre Seigneurie veut bien le permettre.

LELIO, *à part.*

Au fait, la situation se complique, j'aime autant qu'elle sorte... *(Haut)* Je permets...

SILVIA.

Quoi !... il faut...

LELIO.

Obéir aux ordres d'un père.

ROSIGNUOLO.

Oui, obéir aux ordres de son père.

LÉLIO, *bas à Silvia en la reconduisant.*

Je vais tout arranger pour notre mariage.

SILVIA.

Mais ce portrait...

LELIO.

Vous saurez tout. *(Elle sort)*

SCÈNE XI.

ROSIGNUOLO, LELIO.

ROSIGNUOLO.

Je voulais donc prendre la liberté de demander...

LELIO.

Plus de feinte, Monsieur Rosignuolo, vous m'avez deviné... avouez-le...

ROSIGNUOLO.

Sire... c'est la vérité. Aussi Votre Majesté comprendra facilement mon étonnement, ma surprise, ma stupéfaction, quand dans ce portrait qui lui appartient j'ai cru reconnaître l'image de... *(A part)* Je ne sais comment lui dire ça.

LELIO, *à part.*

Quoi ! il connaît Zerline ! Allons... de l'aplomb... *(Haut)* Eh bien ! donc, vous avez cru reconnaître l'image de...

ROSIGNUOLO.

Oui... de...

LELIO.

De la princesse ma sœur... Vous ne vous êtes pas trompé.

ROSIGNUOLO, *stupéfait.*

Quoi ! c'est là la princesse...

LELIO.

Sans doute....

ROSIGNUOLO, *à part.*

La sœur du roi !.. Mais alors ma maison est le rendez-vous de ce qu'il y a de plus noble sous la calotte des cieux... Le roi ! la sœur du roi !..

LELIO, *à part.*

Qu'a-t-il donc ?

ROSIGNUOLO, *à part.*

Mais quelle idée bizarre elle a eue de s'adonner à la cuisine ?... Au fait, Pierre le Grand s'est bien fait charpentier ! Et moi qui depuis trois jours l'accable de reproches... moi qui ne lui ai témoigné aucun respect... moi qui, ce matin encore, l'ai sévèrement grondée pour avoir trop salé le macaroni et trop cuit le gigot !..

LELIO.

Qu'avez-vous donc ?..

ROSIGNUOLO.

Rien, rien, l'émotion... *(A part)* Mais pourquoi se donnent-ils rendez-vous dans ma maison ? pourquoi ?

LELIO.

Écoutez-moi, Monsieur Rosignuolo, votre souverain vous veut du bien et s'intéresse à votre famille...

ROSIGNUOLO.

Ah ! Sire..

LELIO.

Votre fille est charmante... j'ai songé à l'établir...

ROSIGNUOLO.

C'est trop de bonté...

LELIO.

Je veux la marier avec un jeune homme que je protége...

ROSIGNUOLO, *à part.*

Mon gendre sera le protégé du roi... Quel honneur pour moi !

LELIO.

Avec le ténor Lelio...

ROSIGNUOLO, *faisant la grimace.*

Lelio... mais, Sire... ce Lelio est, lyriquement parlant, un âne... et un âne sans avenir...

LELIO, *à part.*

Ah ! bon !... les fruits de l'incognito *(Haut)* Il a du talent... de l'avenir, par la raison que je m'intéresse à lui.

ROSIGNUOLO, *à part.*

Au fait, c'est vrai. *(Haut)* Votre Majesté a raison... et si ce Lelio pouvait seulement trouver un engagement...

LELIO.

Il l'a trouvé...

ROSIGNUOLO.

Ah ! bah !..

LELIO.

Car vous allez lui en donner un à 10,000 livres par an.

ROSIGNUOLO, *furieux.*

10,000 livres !... (*Se reprenant*) 15,000 s'il plaît à Votre Majesté.

LELIO.

Partageons le différend, et mettons 20,000 liv. Le privilége que je vous ai promis est à ces conditions... Allez, courez... dépêchez-vous de préparer l'engagement de Lelio et son contrat de mariage avec votre fille, j'y signerai...

ROSIGNUOLO.

Je cours, Sire, et j'ai la satisfaction de ne pas vous laisser seul, car voici la princesse.

SCÈNE XII.

LES MÊMES, ZERLINE.

ZERLINE, *entrant.*

Quoi qu'il faut faire pour dîner, notre maître?..

LELIO, *à part.*

Zerline !..

ZERLINE, *à part.*

Lelio.

ROSIGNUOLO, *se prosternant.*

Ah ! Madame la princesse ! permettez-moi d'implorer mon pardon... mais j'ignorais tout, l'éclat de votre naissance, la splendeur de votre rang. Sa Majesté m'a tout appris.

ZERLINE, *ébahie.*

Princesse !.. Sa Majesté ! (*A part*) Quelle est cette comédie ?

LELIO, *à part.*

Zerline ici... Renvoyons-le bien vite, avant que tout ne se découvre. (*Haut*) Monsieur Rosi-

gnuolo, faites ce que je vous ai dit ; nous ne vous retenons plus.

(*Rosignuolo sort en saluant*)

SCÈNE XIII.

ZERLINE, LELIO.

ZERLINE.

Ah ! traître!... ah ! perfide!... ah ! brigand!... tu ne t'attendais pas à me trouver ici...

LELIO.

Non, certes, et surtout sous ce déguisement, me diras-tu...

ZERLINE.

J'ai tout appris, ta trahison, ton infidélité, ton amour pour cette petite Silvia, tes projets de mariage, et j'ai voulu les empêcher. Il fallait m'introduire à tout prix dans cette maison, pour y guetter ton arrivée et mettre obstacle à tes plans. Un seul moyen s'est présenté : l'impresario cherchait une servante... j'ai été cette servante, et depuis trois jours je fais la cuisine par amour et par jalousie. Lelio ! monstre !... tu ne m'aimes donc plus ?

LELIO.

Mais, ma pauvre Zerline, je ne sais pas où tu as pris que je t'ai jamais aimée !

ZERLINE.

Oh ! l'infâme !... et tes promesses de mariage ?

LELIO.

Propos en l'air... quand nous chantions dans les mêmes opéras.

ZERLINE.

Et mon portrait, que tu m'as suppliée de te donner ?

LELIO.

Pour la monture, chère amie.

ZERLINE.

Oh ! non !... c'est impossible !... tu te fais un jeu de ma douleur !... Mais tu reviendras à moi, Lelio... tu ne peux avoir oublié tes serments!...

Air :

Toi qui peux faire mon bonheur,
Pitié pour ma souffrance !
Calme par l'espérance
Les tourments de mon cœur !
De ton indifférence
Et de ton inconstance
J'ai le cœur déchiré ;
Et toi tu ris quand j'avais espéré
Que ma tendresse
Te toucherait !
Mais non ! pour moi quelle détresse,
Quelle douleur, hélas ! l'ingrat me hait !

Cruel amant qui me délaisse
Lorsque ma voix te presse.
Vois ma tristesse.
Tu me plaindras !
Tu m'entendras !
Tu m'aimeras !

(Pendant ce morceau, Lelio s'assied et s'endord. — Il ne se réveille qu'à l'allegro.)

ZERLINE, *criant.*

Ah ! les hommes !... les hommes !

LELIO, *se frottant les yeux.*

Ah ! mais ce n'est plus une femme ; c'est une tempête, un ouragan, un incendie !

SCÈNE XIV.

LES MÊMES, SILVIA.

SILVIA.

Quel est ce bruit ?

ZERLINE.

Ma rivale !... tu vas te prononcer !

SILVIA.

Sa rivale !... que dit-elle ?...

ZERLINE.

La vérité... Je ne suis pas ce que vous croyez ; Zerline la prima donna, c'est moi... Zerline qui l'aime, c'est moi. Zerline qui en est aimée, c'est encore moi ! Zerline qui vient vous le disputer, c'est toujours moi !...

SILVIA.

Est-il possible !... Eh bien ! Lelio, vous l'entendez ?... l'aimeriez-vous ?

LELIO.

Mais non !...

Trio.

ZERLINE.

Mon Lelio, c'est moi qui t'aime !

SILVIA.

Ne la crois pas... c'est moi, c'est moi !

ZERLINE

Mon Lelio, mon bien suprême !

SILVIA.

Je n'ai jamais aimé que toi !

LELIO, *à Zerline.*

Mais moi, ce n'est pas toi que j'aime,
Une autre maîtresse a ma foi.

ZERLINE.

Non, rien n'égale ma tendresse.
Je te donnerai le bonheur !

SILVIA.

N'écoute pas cette traîtresse,
L'amour vrai n'est que dans mon cœur.

LELIO, *à Zerline.*

Ah ! maudite soit ta tendresse
Et maudite soit ton ardeur.

ZERLINE, SILVIA.

Pourquoi refuser de m'entendre ?

LELIO.

Je refuse de te comprendre.

SILVIA.

Tu vois en moi le tendre sentiment,
Et mon amour jamais ne ment.

ZERLINE.

Moi, j'aime avec emportement,
Ardemment, violemment.

LELIO.

Doucement, doucement.

ZERLINE.

Il me délaisse, il me méprise !
Il reste insensible à ma voix !

SILVIA.

Faut-il que ma bouche lui dise
Ce qu'elle lui dit tant de fois ?

ZERLINE.

Je t'aurais aimé pour la vie
D'un amour qui ne trahit pas.

LELIO.

Ah ! laisse-moi, je t'en supplie,
Ou tout au moins parle plus bas !

ZERLINE.

Mon Lelio, c'est moi qui t'aime, etc.

(Silvia sort.)

SCÈNE XV.

LELIO, ZERLINE.

LELIO, *accablé.*

Ah ! voilà ce qui s'appelle faire naufrage au
port, et c'est toi...

ZERLINE, *riant.*

Oui, c'est moi qui ai fait tout le mal.

LELIO.

Que veux-tu ?

ZERLINE.

Être épousée.

LELIO.

Écoute, Zerline.

ZERLINE.

J'écoute, Lelio.

LELIO.

Tu crois que je t'aime ?

ZERLINE.

Je l'espère.

LELIO

Tu te trompes.

ZERLINE.

Malheureux !

LELIO.

Du calme ! du calme ! je ne t'aime pas ! Tout
mon amour est à Silvia.

ZERLINE.

Et tu oses me le dire en face ?

LELIO.

Du calme ! du calme ! Tu aspires à l'honneur
de porter mon nom ?

ZERLINE.

Oui.

LELIO.

Mauvaise affaire, ma pauvre Zerline, mauvaise
affaire pour toi !... je ne suis pas le mari qui te
convient ! Cependant il te faut un mari à tout
prix, et ce mari je l'ai trouvé.

ZERLINE.

Quel est-il ?

LELIO, *montrant Rosignuolo qui entre.*

Le voici.

SCÈNE XVI.

LES MÊMES, ROSIGNUOLO.

ZERLINE.

L'impresario ?

LELIO.

Lui-même.

ZERLINE.

Il est vieux !

LELIO.

Il est riche.

ZERLINE.

Il est laid !

LELIO.

Très-riche !

ZERLINE.

Il est bête.

LELIO.

Colossalement riche !

ROSIGNUOLO.

Les oreilles me tintent.

ZERLINE.

Et tu crois qu'il consentira?...

LELIO.

A tout ce que je voudrai. Il me prend pour le roi, et toi pour la princesse ma sœur.

ZERLINE.

Allons ! bath !... à tout considérer il ne vaut pas grand'chose, mais il vaut peut-être encore mieux que toi.

LELIO.

Tu es dans le vrai ! (*Haut*) Approchez, cher Monsieur... vous m'apportez le contrat et l'engagement... bien !... merci. (*Il les prend.*) Vous faites le bonheur de mon protégé, à moi maintenant de faire le vôtre. Vous êtes veuf, je veux vous remarier. Je vous destine une femme charmante.

ROSIGNUOLO.

Qui donc, grand Dieu ?

LELIO.

Quoi ! vous ne devinez pas ? Pour quelle raison supposez-vous qu'une femme d'un rang élevé puisse s'introduire chez un homme comme vous, si ce n'est par amour ?

ROSIGNUOLO, *vivement.*

Quoi ! ai-je bien compris... ma cuisinière.... c'est-à-dire madame la princesse !... Quel honneur !... je serai prince du sang.

LELIO.

Vous êtes ravi... Eh bien! qu'un engagement solennel vous unisse à la princesse. Elle veut bien vous prendre pour époux.

ROSIGNUOLO.

O princesse ! ô ivresse ! ô fortune ! ô ravissement ! ô extase !

SCÈNE XVII.

TOUS.

ROSIGNUOLO, *à Silvia.*

Ah ! vous voilà, Silvia !... que signifie cet air triste? Partagez ma joie ! j'épouse une princesse et vous épousez Lelio que vous aimez ! J'aurai mes entrées à la cour !.. Monseigneur nous protége !..

SILVIA.

On vous trompe, mon père ; il n'y a ici ni roi, ni princesse ! Monsieur est Lelio, Mademoiselle est une chanteuse.

ROSIGNUOLO.

Comment, ni princesse, ni cuisinière ! Il n'y a donc plus personne chez moi ?

LELIO.

Pardonnez-moi, Silvia, je vous aime.

SILVIA.

Non, c'est elle que vous aimez.

ROSIGNUOLO.

Qu'est-ce qui se passe ici ?

LELIO.

Elle épouse votre père. Vous n'avez plus le droit d'être jalouse et de douter de moi.

ROSIGNUOLO.

Mais le souverain, où est-il ?

LELIO.

Dans son palais.

ROSIGNUOLO.

On s'est moqué de moi !

LELIO.

Oui, mais on fait votre bonheur.

ROSIGNUOLO, *frappé d'une idée.*

Je comprends tout !.. Ce portrait était celui de Lelio ! (*Il montre le portrait qu'il a à son jabot.*)

LELIO.

Vous avez tout deviné !

ROSIGNUOLO.

Et je l'ai fait monter en épingle !...

LELIO.

Vous épousez une femme charmante !

ROSIGNUOLO.

Elle est assez jolie...

LELIO.

Et qui vous aime !...

ROSIGNUOLO.

Vraiment ?

LELIO.

Vous êtes son premier amour.

ROSIGNUOLO.

Vraiment?... Mais elle fait bien mal la cuisine...

Final.

SILVIA, *au public.*
Notre craintive faiblesse
Prend la gloire pour rempart.
Messieurs, oubliez la pièce
Et n'écoutez que Mozart.
Grâce à l'appui tutélaire
Que nous prête ce grand nom,
Nous bravons le sort contraire ;
L'air fait passer la chanson.

REPRISE ENSEMBLE.

Grâce à l'appui tutélaire, etc.

Fin.

IMPRIMERIE CENTRALE DE NAPOLÉON CHAIX ET Cᵉ RUE BERGÈRE 20. — 5306.

PREMIÈRE SÉRIE

DE LA

BIBLIOTHÈQUE MUSICALE

ANCIENNE ET MODERNE

Répertoire général du Chanteur, du Pianiste et de l'Instrumentiste

100 VOLUMES

PARTITIONS IN-8°

<table>
<thead>
<tr><th>Vo</th><th colspan="2">PIANO ET CHANT.</th><th>Net.</th><th>Vol.</th><th colspan="2">PIANO ET CHANT.</th><th>Net.</th></tr>
</thead>
<tbody>
<tr><td>1.</td><td>Adam.</td><td>Farfadet (le)</td><td>8 »</td><td>51.</td><td>Halévy.</td><td>Eclair (l')</td><td>10 »</td></tr>
<tr><td>2.</td><td>—</td><td>Giralda</td><td>15 »</td><td>52.</td><td>—</td><td>Fée aux roses (la)</td><td>15 »</td></tr>
<tr><td>3.</td><td>—</td><td>Poupée de Nuremberg (la)</td><td>8 »</td><td>53.</td><td>—</td><td>Guitarrero (le)</td><td>15 »</td></tr>
<tr><td>4.</td><td>—</td><td>Postillon de Longjumeau (le)</td><td>10 »</td><td>54.</td><td>—</td><td>Guido et Ginevra</td><td>20 »</td></tr>
<tr><td>5.</td><td>—</td><td>Toréador (le)</td><td>10 »</td><td>55.</td><td>—</td><td>Juif errant (le)</td><td>20 »</td></tr>
<tr><td>6.</td><td>Auber.</td><td>Actéon</td><td>8 »</td><td>56.</td><td>—</td><td>Juive (la)</td><td>20 »</td></tr>
<tr><td>7.</td><td>—</td><td>Ambassadrice (l')</td><td>12 »</td><td>57.</td><td>—</td><td>Mousquetaires de la reine (les)</td><td>15 »</td></tr>
<tr><td>8.</td><td>—</td><td>Barcarolle (la)</td><td>12 »</td><td>58.</td><td>—</td><td>Nabab (le)</td><td>15 »</td></tr>
<tr><td>9.</td><td>—</td><td>Bergère châtelaine (la)</td><td>8 »</td><td>59.</td><td>—</td><td>Reine de Chypre (la)</td><td>20 »</td></tr>
<tr><td>10.</td><td>—</td><td>Chaperons blancs (les)</td><td>12 »</td><td>60.</td><td>—</td><td>Val d'Andorre (le)</td><td>15 »</td></tr>
<tr><td>11.</td><td>—</td><td>Cheval de bronze (le)</td><td>12 »</td><td>61.</td><td>—</td><td>Tempesta (la)</td><td>12 »</td></tr>
<tr><td>12.</td><td>—</td><td>Diamants de la couronne (les)</td><td>12 »</td><td>62.</td><td>Haydn.</td><td>Création (la)</td><td>7 »</td></tr>
<tr><td>13.</td><td>—</td><td>Dieu et la Bayadère (le)</td><td>12 »</td><td>63.</td><td>—</td><td>Saisons (les)</td><td>8 »</td></tr>
<tr><td>14.</td><td>—</td><td>Domino noir (le)</td><td>12 »</td><td>64.</td><td>Hérold.</td><td>Pré aux Clercs (le)</td><td>12 »</td></tr>
<tr><td>15.</td><td>—</td><td>Duc d'Olonne (le)</td><td>12 »</td><td>65.</td><td>Kreutzer.</td><td>Lodoïska</td><td>7 »</td></tr>
<tr><td>16.</td><td>—</td><td>Enfant prodigue (l')</td><td>20 »</td><td>66.</td><td>Mehul.</td><td>Irato (l')</td><td>7 »</td></tr>
<tr><td>17.</td><td>—</td><td>Fiancée (la)</td><td>12 »</td><td>67.</td><td>Mendelssohn.</td><td>Paulus (Conv. de S. Paul)</td><td>8 »</td></tr>
<tr><td>18.</td><td>—</td><td>Fra-Diavolo</td><td>12 »</td><td>68.</td><td>—</td><td>Elie, oratorio</td><td>15 »</td></tr>
<tr><td>19.</td><td>—</td><td>Gustave</td><td>20 »</td><td>69.</td><td>Mercadante.</td><td>Giuramento</td><td>7 »</td></tr>
<tr><td>20.</td><td>—</td><td>Haydée</td><td>12 »</td><td>70.</td><td>Mozart.</td><td>Clemenza di Tito (la)</td><td>7 »</td></tr>
<tr><td>21.</td><td>—</td><td>Lac des Fées (le)</td><td>20 »</td><td>71.</td><td>—</td><td>Don Giovanni</td><td>7 »</td></tr>
<tr><td>22.</td><td>—</td><td>Lestocq</td><td>12 »</td><td>72.</td><td>—</td><td>Flauto magico</td><td>7 »</td></tr>
<tr><td>23.</td><td>—</td><td>Muette de Portici (la)</td><td>15 »</td><td>73.</td><td>—</td><td>Nozze di Figaro</td><td>7 »</td></tr>
<tr><td>24.</td><td>—</td><td>Neige (la)</td><td>10 »</td><td>74.</td><td>—</td><td>Requiem</td><td>7 »</td></tr>
<tr><td>25.</td><td>—</td><td>Part du Diable (la)</td><td>12 »</td><td>75.</td><td>Meyerbeer.</td><td>40 Mélodies à 1 ou 2 voix</td><td>12 »</td></tr>
<tr><td>26.</td><td>—</td><td>Philtre (le)</td><td>12 »</td><td>76.</td><td>—</td><td>Etoile du Nord (l')</td><td>18 »</td></tr>
<tr><td>27.</td><td>—</td><td>Serment (le)</td><td>12 »</td><td>77.</td><td>—</td><td>Huguenots (les)</td><td>20 »</td></tr>
<tr><td>28.</td><td>—</td><td>Sirène (la)</td><td>12 »</td><td>78.</td><td>—</td><td>Prophète (le)</td><td>20 »</td></tr>
<tr><td>29.</td><td>—</td><td>Zanetta</td><td>12 »</td><td>79.</td><td>—</td><td>Robert le Diable</td><td>20 »</td></tr>
<tr><td>30.</td><td>—</td><td>Zerline</td><td>15 »</td><td>80.</td><td>Nicolo.</td><td>Cendrillon</td><td>8 »</td></tr>
<tr><td>31.</td><td>Bach (J.-S.)</td><td>Passion (la)</td><td>10 »</td><td>81.</td><td>—</td><td>Jeannot et Colin</td><td>8 »</td></tr>
<tr><td>32.</td><td>Beethoven.</td><td>Fidelio</td><td>7 »</td><td>82.</td><td>—</td><td>Joconde</td><td>8 »</td></tr>
<tr><td>33.</td><td>Bellini.</td><td>Beatrice di Tenda</td><td>7 »</td><td>83.</td><td>—</td><td>Les Rendez-vous bourgeois</td><td>7 »</td></tr>
<tr><td>34.</td><td>—</td><td>Capuletti e Montecchi</td><td>7 »</td><td>84.</td><td>Païsiello.</td><td>Molinara (la)</td><td>8 »</td></tr>
<tr><td>35.</td><td>—</td><td>Norma (la)</td><td>10 »</td><td>85.</td><td>Rossini.</td><td>Barbiere (il)</td><td>7 »</td></tr>
<tr><td>36.</td><td>—</td><td>Pirata (le)</td><td>7 »</td><td>86.</td><td>—</td><td>Cenerentola</td><td>7 »</td></tr>
<tr><td>37.</td><td>—</td><td>Sonnambula</td><td>10 »</td><td>87.</td><td>—</td><td>Comte Ory (le)</td><td>12 »</td></tr>
<tr><td>38.</td><td>Cherubini.</td><td>Deux Journées (les)</td><td>8 »</td><td>88.</td><td>—</td><td>Gazza ladra</td><td>7 »</td></tr>
<tr><td>39.</td><td>—</td><td>Lodoïska</td><td>8 »</td><td>89.</td><td>—</td><td>Guillaume Tell</td><td>20 »</td></tr>
<tr><td>40.</td><td>Cimarosa.</td><td>Matrimonio segreto (il)</td><td>7 »</td><td>90.</td><td>—</td><td>Moïse</td><td>15 »</td></tr>
<tr><td>41.</td><td>Devienne.</td><td>Visitandines (les)</td><td>7 »</td><td>91.</td><td>—</td><td>Otello</td><td>7 »</td></tr>
<tr><td>42.</td><td>Donizetti.</td><td>Favorite (la)</td><td>15 »</td><td>92.</td><td>—</td><td>Robert Bruce</td><td>15 »</td></tr>
<tr><td>43.</td><td>Gluck.</td><td>Alceste</td><td>7 »</td><td>93.</td><td>—</td><td>Semiramide</td><td>8 »</td></tr>
<tr><td>44.</td><td>—</td><td>Armide</td><td>7 »</td><td>94.</td><td>—</td><td>Siége de Corinthe (le)</td><td>20 »</td></tr>
<tr><td>45.</td><td>—</td><td>Iphigénie en Tauride</td><td>7 »</td><td>95.</td><td>—</td><td>Stabat Mater (le)</td><td>7 »</td></tr>
<tr><td>46.</td><td>—</td><td>Iphigénie en Aulide</td><td>7 »</td><td>96.</td><td>Sacchini.</td><td>Œdipe à Colone</td><td>7 »</td></tr>
<tr><td>47.</td><td>Grétry.</td><td>Richard Cœur de Lion</td><td>7 »</td><td>97.</td><td>Schubert.</td><td>40 Mélodies</td><td>7 »</td></tr>
<tr><td>48.</td><td>Haendel.</td><td>Judas Machabée</td><td>7 »</td><td>98.</td><td>Weber.</td><td>Eurianthe</td><td>8 »</td></tr>
<tr><td>49.</td><td>Halévy.</td><td>Charles VI</td><td>20 »</td><td>99.</td><td>—</td><td>Freyschütz</td><td>10 »</td></tr>
<tr><td>50.</td><td>—</td><td>Dame de pique (la)</td><td>15 »</td><td>100.</td><td>—</td><td>Oberon</td><td>8 »</td></tr>
</tbody>
</table>